LI BAI
BIOGRAPHY

李白传

中国历史名人传记

QING QING JIANG

江清清

PREFACE

I am excited to welcome you to the Chinese Biography series. In this series, we will discover lives of some of the most famous people from Chinese history. Each book will introduce a famous Chinese personality whose contributions were immense to shape China's future. The books in Biography series contain numerous lessons in Mandarin Chinese. We start with a brief introduction of the book in the preface (前言), a bit detailed introduction to the person, and continue to dig his life and relevant issues. Each book contains 6 to 10 chapters made of simple Chinese sentences. For the readers' convenience, a comprehensive vocabulary has been provided at the beginning of each chapter. The pinyin for the Chinese text is provided after the main text. Further, to enforce a deeper Chinese learning, the English interpretation of the Chinese text has been purposely excluded from the books. This would help the readers think deeply about the contents the way native Chinese do! In order to help the students of Mandarin Chinese remember important characters, words, long words, idioms, etc., these entities have been purposely repeated throughout the book, and across the books in the series. Taken together, the books in Biography series will tremendously help readers improve their Chinese reading skills.

If you have any questions, suggestions, and feedbacks, feel free to let me know in the review or comments.

You can find more about China and Chinese culture on my blog and Amazon homepage.

I blog at:

www.QuoraChinese.com

-Qing Qing

江清清

©2022 Qing Qing Jiang

All rights reserved.

MOST FAMOUS & TOP INFLUENTIAL PEOPLE IN CHINESE HISTORY

SELF-LEARN READING MANDARIN CHINESE, VOCABULARY, EASY SENTENCES, HSK ALL LEVELS

(PINYIN, SIMPLIFIED CHARACTERS)

ACKNOWLEDGMENTS

I am a blogger. It has been a long and interesting journey since I started blogging quite a few years ago.

The blogging passion enabled me to write useful contents. In particular, I have been writing about China, and its culture.

My passion in writing was supported by my friends, colleagues, and most importantly, the almighty.

I thank everyone for constantly inspiring me in my life endeavours.

CONTENTS

PREFACE 2
ACKNOWLEDGMENTS 4
CONTENTS 5
LIFE (人物生平) 7
CHILDHOOD (儿时故事) 15
LEAVE RELATIVES AND TRAVEL FAR AWAY (辞亲远游) 21
MARRIAGE OF CONVENIENCE (政治婚姻) 26
WISH TO SERVE BE AN OFFICIAL (求官之路) 31
SERVE IN THE PALACE (进宫任职) 36
DIED OF A SERIOUS ILLNESS (重病而逝) 42

前言

　　李白是唐代著名的诗人，被人称为"诗仙"，可以说是引领了一个时代的风骚，不仅仅在当时，对后世也是产生了相当大的影响。李白的诗歌风格大多是浪漫主义，由于生活在盛唐时代，李白的诗歌有很多抒发了政治抱负，展现了他非凡的愿想，用慷慨激昂的文字抒发自己豪迈的气概。如果要我用一句话来形容李白，那一定是诗如其人。李白的个性就如同他的诗一般，潇洒肆意。李白平生最喜欢喝酒交友，与人交往不拘小节，性格开朗直率。他这种直率的性格，为他赢来了很多的朋友，但是也给他带来了祸患。尤其是在朝廷当中，为人处事都讲究圆滑，如此才能赢得其他大臣的信任。但是李白直率的性子，不论面对谁都是一样，所以如此就很容易得罪人。事实也是如此，李白在官场失意后就一直闷闷不乐，郁结于心，最后与世长辞。

　　Lǐbái shì táng dài zhùmíng de shīrén, bèi rénchēng wèi "shī xiān", kěyǐ shuō shì yǐnlǐngle yīgè shídài de fēngsāo, bùjǐn jǐn zài dāngshí, duì hòushì yěshì chǎnshēngle xiāngdāng dà de yǐngxiǎng. Lǐbái de shīgē fēnggé dàduō shì làngmàn zhǔyì, yóuyú shēnghuó zài shèng táng shídài, lǐbái de shīgē yǒu hěnduō shūfāle zhèngzhì bàofù, zhǎnxiànle tā fēifán de yuàn xiǎng, yòng kāngkǎijī'áng de wénzì shūfā zìjǐ háomài de qìgài. Rúguǒ yào wǒ yòng yījù huà lái xíngróng lǐbái, nà yīdìng shì shī rúqí rén. Lǐbái de gèxìng jiù rútóng tā de shī yībān, xiāosǎ sìyì. Lǐbái píngshēng zuì xǐhuān hējiǔ jiāoyǒu, yǔ rén jiāowǎng bùjū xiǎojié, xìnggé kāilǎng zhíshuài. Tā zhè zhǒng zhíshuài dì xìnggé, wèi tā yíng láile hěnduō de péngyǒu, dànshì yě gěi tā dài láile huòhuàn. Yóuqí shì zài cháotíng dāngzhōng, wéirén chǔshì dōu jiǎngjiù yuánhuá, rúcǐ cáinéng yíngdé qítā dàchén de xìnrèn. Dànshì lǐbái zhíshuài dì xìngzi, bùlùn miàn duì shéi dōu shì yīyàng, suǒyǐ rúcǐ jiù hěn róngyì dézuì rén. Shìshí yěshì rúcǐ, lǐbái zài guānchǎng shīyì hòu jiù yīzhí mènmènbùlè, yùjié yú xīn, zuìhòu yǔshìchángcí.

LIFE (人物生平)

Li Bai (李白, 701-762), also hailed as the Poet Immortal (仙人) by the later generations, was a Tang Dynasty poet (唐代诗人). He was a great poet of romanticism.

His birthplace is generally considered to be Qinglian Township (青莲乡) located in the modern Jiangyou City of Sichuan province (四川省江油市). However, not much is known about his family background.

According to the "Book of Tang" 《旧唐书》 records, Li Bai's father was named Li Ke (李客, dates of birth, and death are unknown), a court official and a wealthy businessman.

In the year 705, when Li Bai was about five years old, he started to study. He also learned about Liu Jia (六甲), the calculation of time in ancient times by matching the Ten Heavenly Stems and Twelve Terrestrial Branches (天干地支).

In the year 715, when Li Bai was fifteen years old, he learned many existing poems (诗赋) which were famous and praised by the local people and celebrities. Li Bai also begun to engage in social activities. He was brave (任侠), and good at swordsmanship (剑术).

In the year 718, when Li Bai was eighteen years old, he lived in seclusion in the Mountains near present-day Jiangyou City to study. He often traveled to new places, and gained a lot of experience and knowledge.

Li Bai spent his childhood in Sichuan before arriving in Rencheng, Shandong (山东任城). Li Bai's father went to work in Shandong, and Li

Bai followed his father and went to live in Shandong for a long time. Li Bai's father was an official in Rencheng (为任城尉). During Li Bai's time in Shandong, he lived a very happy and unrestrained life.

Li Bai had a cheerful and generous personality. He loved drinking, making friends, and most importantly, writing poetry.

He composed most of his famous poems when he was drunk. His representative works include Thoughts in a Quite Night (静夜思), Looking at Lushan Waterfall (望庐山瀑布), and Farewell to Wang Lun (赠汪伦).

《静夜思》

【作者】李白 【朝代】唐

床前明月光，

Bright moon in front of my bed,

疑是地上霜。

Looks like frost on the ground.

举头望明月，

When I raise my head, I see the bright moon,

低头思故乡。

When I lower my head, I think of my hometown.

Pinyin

"Jìngyè sī"

[Zuòzhě] LǐBái [Cháodài] Táng

Chuáng qián míngyuèguāng,

Yí shì dìshàng shuāng.

Jǔ tóu wàng míng yuè,

Dītóu sī gùxiāng.

Well, Li Bai did not make much money for most of his life. However, he generally didn't have any serious problem of money.

According to Li Bai's own recollection: "In the past, when I visited Yangzhou, I spent 300,000 yuan in less than a year."

How he got so much of money?

Well, in his early years, he was supported by his father (早年靠爹养). In his middle years, he was supported by three rich ladies (中年靠三个贵妇养). His uncle supported him in his later years (晚年靠叔父养).

In the early years, Li Bai, whether in Sichuan or Shandong, spent all day drinking and singing wildly, wandering around the mountains and water, and also used his righteousness and money to support poor scholars. Li Bai did all the expensive things. Basically, Li Ke gave Li Bai a lot of money. After Li Ke's death, he left a lot of legacy to Li Bai. Li Bai had no financial issues, however, he was not good at saving money since he was a child. Li Bai believed that he was born with talent, and he'd have no issues with money. Hence, he quickly spent all he'd inherit from his father.

Since ancient times, China has been known as the land of poetry. The history of poetry in China can be traced back to thousands of years. During this period, there have been many times when poetry was very popular, such as during the Han Dynasty, the Southern and Northern Dynasties, the Tang, Song, Yuan, and Ming Dynasties. There have been countless great poets who left a deep and profound influence on Chinese history. Even during the Tang Dynasty, poetry was very popular. At that time, the prosperous people of the Tang Dynasty had a strong cultural sense. In particular, they loved poetry. The talented poets were widely respected, even by the most beautiful women. Just a wonderful poem could make a person, along with his poem, very famous all over the world, and help him gain thousands of fans.

Li Bai became famous as early as 21 years old and enjoyed his life.

It is said that Li Bai had four wives in his life.

Because of Li Bai's wealth and generosity, and also because his poems spread far and wide, he had very good relation with Meng Haoran (孟浩然, 689-740), a famous Tang poet and is confidant whom he admired. With his help, the 27-year-old Li Bai started his first marriage with Xu Shi (许氏).

In fact, this was after the death of his father-- when Li Bai had no money, he met his first wife Xu Shi in Anlu, Hubei (湖北安陆). She was the granddaughter of Xu Yushi (许圉师, ? -679), the prime minister of Emperor Gaozong (唐高宗, 628-683). Xu Shi, 25-year-old, was obviously from a rich family. After the marriage between Li Bai and the Xu Shi, Li Bai spent ten years with Xu Shi. In short, in the following ten years, Li Bai lived in his father-in-law's house. Xu Shi gave birth to a son and a daughter of Li Bai. He was never short of money. Li Bai's days in Hubei were as dashing as those in Sichuan and Shandong.

After the death of his wife Xu Shi, he was excluded from the Xu family. In fact, he felt that staying with the family of his wife didn't help his career much. So after the beloved Xu Shi died, Li Bai left the sadder place with his son and a daughter.

At this time, Li Bai's career was hopeless, and he had a responsibility of a son and a daughter, so he couldn't do anything meaningful.

Thereafter, with the help of relatives and friends, he married a woman surnamed Liu in Rencheng County. When Li Bai met Liu Shi (刘氏), he was 39. His romantic and elegant poems, accompanied by his various legends, had already become very famous. Li Bai already had too many fans, including Liu Shi. Liu's family was not very literate or rich, but after all, Li Bai was famous. She thought that Li Bai was very rich, so she married Li Bai.

But soon after the marriage, she discovered that although Li Bai had talent, he has no financial resources, and he also carried the burden of two children, adding more financial trouble. So, she started to quarrel with Li Bai, and eventually left Li Bai in a short time. Basically, they lived together for a short while before they broke up.

During this period, emperor Tang Xuanzong's (唐玄宗, 685-762) decree to recruit Li Bai to be a Hanlin arrived. Li Bai was very happy that day, and soon wrote the famous poem 《南陵别儿童入京》, in which there are two sentences capturing his emotions of that time:

会稽愚妇轻买臣，

余亦辞家西入秦。

Guìjī yú fù qīng mǎi chén,

Yú yì cí jiā xīrù qín.

Meaning "The foolish woman looks down on the poor".

At this moment, Li Bai felt that his talent and ambition could finally be put into action.

The whereabouts of his third wife are largely unknown. She is often called Mou Shi (某氏), meaning "some woman". After Li Bai and his second wife, Liu Shi, broke up, he met a talented local woman named Mou Shi in Rencheng, Shandong, and the two fell in love secretly, later breaking through the layers of barriers, they became husband and wife. At this time, Li Bai was proud of his love and successful career. His poems have been widely circulated, and the imperial court had specially rewarded him with a lot of gold and silver. Li Bai handed over all his finances to Mou Shi. Further, she herself owned a large property and soon became a very rich woman. However, the best time didn't last long. After five years, Mou Shi died of illness. Li Bai was devastated.

His fourth wife was Zong Shi (宗氏), the granddaughter of the former prime minister Zong Chuke (宗楚客, ?-710) of Emperor Gaozong of the Tang Dynasty (唐高宗, 628-683). Zong Shi was a beautiful beauty. Lots of local men were trying to marry her, however, none had met the high threshold set by Zong Shi. At that time, Li Bai indulged in drinking and music all day. Once, after a booze, he got drunk in Liangyuan (梁园),

located in the modern Shangqiu, Henan (今河南商丘). On a whim, he wrote the poem "The Ode to Liangyuan"《梁园吟》on a wall and urinated under the wall. After Zong Shi knew about it, she immediately came to the scene to see it, and then spent a huge amount of money to buy the wall. From this, the allusion of "Huge Money to buy a wall" (千金买壁) was born.

Zong Shi admired the talented Li Bai, and Li Bai also liked the beautiful and talented Zong Shi. The two soon got married. After the marriage, the two were very affectionate, and Li Bai wrote the poem "Gifts from Your Own Generation"《自代内赠》for Zong's Shi. After the Anshi Rebellion (安史之乱, 755- 763) broke out, Li Bai and Zong Shi went south. Later Li Bai was imprisoned, and he could never reunite with Zong Shi. Li Bai expressed his guilt and sadness that he couldn't reunite with his wife.

There are numerous theories as to how Li Bai died. Some say, Li Bai may have been killed. Some say het he drowned because of drinking wine and jumping into the water to catch the moon.

However, the consensus seems that the real cause of Li Bai's death was his illness.

Well, Li Bai was embarrassed in his later years.

In 759 AD, the 59-year-old Li Bai was granted amnesty by the imperial court.

In AD 761, the 61-year-old Li Bai was living a very difficult life, so he had no choice but to defect to his uncle Li Yangbing (李阳冰), who was the county magistrate in Dangtu (当涂), located in the modern Anhui province (今安徽省). But not long after, he died.

It is said that Li Yangbing was actually much younger than Li Bai, but he was Li Bai's uncle due to his seniority in family relations.

When Li Bai died, Li Yangbing, the magistrate of Dangtu County, buried him at the foot of the Longshan Mountain in the south of the city.

The tomb was relocated in the year 817.

As of now, Li Bai's tomb is located next to Dangtu County, Ma'anshan City, Anhui Province (安徽省马鞍山市当涂县太白镇).

CHILDHOOD (儿时故事)

1	铁杵磨成针	Tiě chǔ mó chéng zhēn	Perseverance will prevail; an iron pestle can be ground down to a needle
2	故事	Gùshì	Story; tale; plot; old practice; routine
3	想必	Xiǎngbì	Presumably; most probably
4	大家	Dàjiā	Great master; authority
5	应该	Yīnggāi	Should; ought to; must
6	熟悉	Shúxī	Know something or somebody well; be familiar with; have an intimate knowledge of; at home
7	但是	Dànshì	But; however; yet; still
8	知道	Zhīdào	Know; realize; be aware of
9	李白	Lǐbái	Li Bai, the most widely celebrated poet of China
10	有关	Yǒuguān	Have something to do with; have a bearing on
11	小时候	Xiǎoshí hòu	In one's childhood; when one was young
12	调皮	Tiáopí	Naughty; mischievous
13	贪玩	Tān wán	Be too fond of play; hanker after fun and games
14	都一样	Dōu yīyàng	All the same; It doesn't make any difference; It's all the same
15	有一次	Yǒu yīcì	Once; on one occasion
16	翘课	Qiào kè	Skip classes; skip class; to cut class
17	逃学	Táoxué	Play truant; cut class; escape

			school; skip school
18	老奶奶	Lǎo nǎinai	Granny; paternal great grandmother
19	铁棍	Tiě gùn	Iron club
20	于是	Yúshì	Thereupon; hence; consequently; as a result
21	奶奶	Nǎinai	Grandmother; grandma
22	铁棒	Tiě bàng	Peeler; iron rod
23	磨成	Mó chéng	Grind into
24	大吃一惊	Dàchī yījīng	Be startled at; be astounded at; be given quite a turn; be greatly surprised
25	棍子	Gùnzi	Rod; stick
26	功夫	Gōngfū	Workmanship; skill; art; ability
27	鼓舞	Gǔwǔ	Inspire; hearten; embolden; nerve
28	以后	Yǐhòu	After; later on; afterwards; later
29	课堂	Kètáng	Classroom; schoolroom
30	认真	Rènzhēn	Conscientious; earnest; serious
31	讲课	Jiǎngkè	Teach; lecture; give a lesson
32	课后	Kè hòu	After class/school
33	潜心	Qiánxīn	With great concentration; devote oneself to something
34	琢磨	Zhuómó	Turn something over in one's mind; ponder; improve; polish; refine
35	学问	Xuéwèn	Learning; knowledge; scholarship
36	过目不忘	Guòmù bù wàng	Gifted with an extraordinary retentive memory
37	地步	Dìbù	Condition; plight; situation;

			state
38	晦涩	Huìsè	Hard to understand; obscure; unclear in meaning
39	难懂	Nán dǒng	Difficult to comprehend; hard to understand
40	看懂	Kàn dǒng	Understand (by looking/reading)
41	读懂	Dú dǒng	Spell over
42	四书五经	Sìshū wǔjīng	The Four Books and The Five Classics
43	神童	Shéntóng	Child prodigy; wonder child; quiz kid
44	作诗	Zuò shī	Compose a poem; versify
45	顿时	Dùnshí	Immediately; suddenly; at once; forthwith
46	小家伙	Xiǎo jiāhuo	Kiddy
47	文采	Wéncǎi	Rich and bright colors
48	深造	Shēnzào	Take up advanced studies; pursue advanced studies
49	第二个	Dì èr gè	The second; 2nd
50	屈原	Qūyuán	Qu Yuan, an eminent poet
51	看出	Kàn chū	Make out; perceive; find out; be aware of
52	肯定	Kěndìng	Affirm; approve; confirm; regard as positive
53	树立	Shùlì	Set up; establish; build
54	远大	Yuǎndà	Long-range; broad; ambitious
55	抱负	Bàofù	Aspiration; ambition; lofty aim
56	理想	Lǐxiǎng	Ideal
57	励志	Lìzhì	Determine to fulfil one's aspirations; strive for success

| 58 | 栋梁之才 | Dòngliáng zhī cái | A man of tremendous promise; the mainstay of a cause |
| 59 | 做出贡献 | Zuò chū gòngxiàn | Make a contribution |

Chinese (中文)

铁杵磨成针的故事，想必大家应该都很熟悉吧，但是你们知道吗，这个故事还与李白有关。

小时候的李白很调皮贪玩，和我们都一样，毕竟贪玩是孩子的天性。有一次，他还直接翘课，逃学出来玩儿。走着走着，突然在一条小溪边发现一个老奶奶，发现她在磨一根很粗的铁棍。

于是李白上前问老奶奶在干嘛，老奶奶说家里缺根针，所以想把这铁棒磨成针。李白听了之后，大吃一惊。这么粗的棍子，怎么可能磨成针呢？老奶奶回答道，只要功夫深，铁杵磨成针。

李白听了之后，大受鼓舞。自那以后，再也没有逃过学了，课堂上认真听老师讲课，课后也潜心琢磨学问。

而且李白小时候的记忆力特别好，可以达到过目不忘的地步，而且别人觉得晦涩难懂的书，李白都能看懂。小小年纪便能读懂四书五经，而且上知天文，下知地理，大家都夸李白是个神童。

李白作诗的天赋自小就显现出来了。有一次，李白的家里来了一位客人，这位客人也算是当时比较有名的文人。他看了李白写的诗后，顿时流露出一股欣赏之情。他拍拍李白的肩膀，对他说，你这小家伙的文采相当了不起呀，要是日后继续深造，有望成为中国第二个屈原啊。

从中我们可以看出，李白的诗得到了肯定。李白自身也树立了远大的抱负理想，励志要成为国家的栋梁之才，为国家做出贡献。

Pinyin (拼音)

Tiě chǔ mó chéng zhēn de gùshì, xiǎngbì dàjiā yīnggāi dōu hěn shúxī ba, dànshì nǐmen zhīdào ma, zhège gùshì hái yǔ lǐbái yǒuguān.

Xiǎoshíhòu de lǐbái hěn tiáopí tān wán, hé wǒmen dōu yīyàng, bìjìng tān wán shì háizi de tiānxìng. Yǒu yīcì, tā hái zhíjiē qiào kè, táoxué chūlái wán er. Zǒuzhe zǒuzhe, túrán zài yītiáo xiǎo xī biān fāxiàn yīgè lǎonǎinai, fāxiàn tā zài mó yī gēn hěn cū de tiě gùn.

Yúshì lǐbái shàng qián wèn lǎonǎinai zài gàn ma, lǎonǎinai shuō jiālǐ quē gēn zhēn, suǒyǐ xiǎng bǎ zhè tiě bàng mó chéng zhēn. Lǐbái tīng liǎo zhīhòu, dàchīyījīng. Zhème cū de gùnzi, zěnme kěnéng mó chéng zhēn ne? Lǎonǎinai huídádào, zhǐyào gōngfū shēn, tiě chǔ mó chéng zhēn.

Lǐbái tīng liǎo zhīhòu, dà shòu gǔwǔ. Zì nà yǐhòu, zài yě méiyǒu táoguò xuéle, kètáng shàng rènzhēn tīng lǎoshī jiǎngkè, kè hòu yě qiánxīn zhuómó xuéwèn.

Érqiě lǐbái xiǎoshíhòu de jìyìlì tèbié hǎo, kěyǐ dá dào guòmù bù wàng dì dìbù, érqiě biérén juédé huìsè nán dǒng de shū, lǐbái dōu néng kàn dǒng. Xiǎo xiǎo niánjì biàn néng dú dǒng sìshū wǔjīng, érqiě shàng zhī tiānwén, xià zhī dìlǐ, dàjiā dōu kuā lǐbái shìgè shéntóng.

Lǐbái zuò shī de tiānfù zì xiǎo jiù xiǎnxiàn chūláile. Yǒu yīcì, lǐbái de jiālǐ láile yī wèi kèrén, zhè wèi kèrén yě suànshì dāngshí bǐjiào yǒumíng de wénrén. Tā kànle lǐbái xiě de shī hòu, dùnshí liúlù chū yī gǔ xīnshǎng zhī qíng. Tā pāi pāi lǐbái de jiānbǎng, duì tā shuō, nǐ zhè xiǎo jiāhuo de wéncǎi xiāngdāng liǎobùqǐ ya, yàoshi rìhòu jìxù shēnzào, yǒuwàng chéngwéi zhōngguó dì èr gè qūyuán a.

Cóngzhōng wǒmen kěyǐ kàn chū, lǐbái de shī dédàole kěndìng. Lǐbái zìshēn yě shùlìle yuǎndà de bàofù lǐxiǎng, lìzhì yào chéngwéi guójiā de dòngliáng zhī cái, wèi guójiā zuò chū gòngxiàn.

LEAVE RELATIVES AND TRAVEL FAR AWAY (辞亲远游)

1	打算	Dǎsuàn	Intend; plan; think; mean
2	远游	Yuǎn yóu	Travel to far away places
3	家乡	Jiāxiāng	Hometown; native place
4	毕竟	Bìjìng	After all; all in all; in the final analysis
5	外面	Wàimiàn	Outside; out; outward appearance
6	闯荡	Chuǎngdàng	Make a living wandering from place to place
7	见识	Jiànshì	Widen one's knowledge; enrich one's experience
8	更加	Gèngjiā	To a higher degree; still further; still more
9	广阔	Guǎngkuò	Vast; wide; spacious; expansive
10	四川	Sìchuān	Sichuan
11	峨眉山	Éméishān	Mount Emei (in Sichuan Province)
12	一块儿	Yīkuài er	At the same place
13	难于	Nányú	Be difficult to; be hard to
14	青天	Qīngtiān	Blue sky
15	描写	Miáoxiě	Describe; depict; portray; represent
16	情景	Qíngjǐng	Scene; sight; circumstances
17	字里行间	Zìlǐ hang jiān	Between the lines; among the words and between the lines; in-between the lines; the overtone of a writing
18	真切	Zhēnqiè	Vivid; clear; distinct
19	紧接着	Jǐn jiēzhe	Immediately/right after
20	重庆	Chóngqìng	Chongqing
21	沿着	Yánzhe	Along

22	长江	Cháng jiāng	The Changjiang River; the Yangtze River
23	小舟	Xiǎozhōu	Cockleshell
24	走走	Zǒu zǒu	Take a stroll; come or go in a general sense
25	途经	Tújīng	By way of; via
26	省份	Shěngfèn	Province
27	诗篇	Shīpiān	Poem
28	扬州	Yángzhōu	Yangzhou
29	往前	Wǎng qián	Ahead; before; formerly; in the past
30	没想到	Méi xiǎngdào	Have not expected or thought of
31	病倒	Bìng dǎo	Be stricken; fall ill
32	尽管如此	Jǐnguǎn rúcǐ	Despite all this; even though; in spite of; for all that
33	旅程	Lǚchéng	Route; itinerary
34	短暂	Duǎnzàn	Of short duration; momentary; transient; brief
35	征程	Zhēng chéng	Journey
36	河南	Hénán	Henan
37	很多	Hěnduō	A lot of; a great many of; a good many of
38	大好河山	Dàhǎo héshān	Beautiful rivers and mountains of a country; one's beloved motherland
39	结交	Jiéjiāo	Make friends with; associate with
40	朋友	Péngyǒu	Friend
41	例如	Lìrú	For instance; for example; such as
42	决定	Juédìng	Decide; resolve; make up one's mind; decision

43	隐居	Yǐnjū	Live in seclusion
44	自荐	Zìjiàn	Recommend oneself; offer one's services
45	凡是	Fánshì	Every; any; all
46	才华	Cáihuá	Literary or artistic talent; rich talent; talent; gifts
47	朝廷	Cháotíng	Royal or imperial court
48	报答	Bàodá	Repay; requite; pay back; return
49	当官	Dāng guān	Fill an office; be an official; be in the presence of an official
50	建功立业	Jiàngōng lìyè	Make contributions and set up businesses; make great contributions and accomplish great tasks
51	自己的	Zìjǐ de	Self
52	正当	Zhèngdàng	Just when; just the time for; proper; rightful; rational and legitimate
53	纠结	Jiūjié	Be entangled with; be intertwined with
54	宰相	Zǎixiàng	Prime minister; chancellor
55	孙女	Sūnnǚ	Granddaughter
56	意外	Yìwài	Unexpected; unforeseen; accident; mishap
57	成亲	Chéngqīn	Get married
58	于是	Yúshì	Thereupon; hence; consequently; as a result

Chinese (中文)

　　李白在 24 岁那年，打算辞亲远游。家乡的世界毕竟太小了，还是得多去外面闯荡一番，见识更加广阔的世界。

李白先是来到了四川峨眉山这一块儿，李白写的《蜀道难》，蜀道难，难于上青天！描写的就是写的前往四川之路的情景，从李白的字里行间，我们可以很直观真切的感受到此行的艰难。

紧接着，李白又来到了重庆。沿着长江，乘着小舟，一路走走停停，途经了许多个省份，也写下了许多著名的诗篇。

两年后，李白来到了扬州，本来还想继续往前，可没想到在扬州病倒了。但是尽管如此，李白也并没有结束他的旅程，在短暂的休息了几个月后，李白重新踏上了征程，又去了河南等地。

26 岁的李白已经见识了很多大好河山，同时也结交了很多朋友，例如孟浩然。在 27 岁那年，李白决定隐居。

当时唐玄宗下发了一个自荐令，凡是有才华之人皆可去朝廷自荐。其实当时李白心里还是动摇了的，因为他一直都有一颗报答国家的心，他也想过去朝廷当官，去建功立业，去闯荡自己的一片天地。

正当李白纠结之际，孟浩然介绍了前宰相的孙女给李白。让人很意外的是那一年，他们就成亲了。于是李白放弃了去朝廷的念想，留在了当地。

Pinyin (拼音)

Lǐbái zài 24 suì nà nián, dǎsuàn cí qīn yuǎn yóu. Jiāxiāng de shìjiè bìjìng tài xiǎole, háishì dé duō qù wàimiàn chuǎngdàng yī fān, jiànshì gèngjiā guǎngkuò de shìjiè.

Lǐbái xiānshi lái dàole sìchuān éméishān zhè yīkuài er, lǐbái xiě de "shǔ dào nán", shǔ dào nán, nányú shàng qīngtiān! Miáoxiě de jiùshì xiě de qiánwǎng sìchuān zhī lù de qíngjǐng, cóng lǐbái de zìlǐhángjiān, wǒmen kěyǐ hěn zhíguān zhēnqiè de gǎnshòu dào cǐ xíng de jiānnán.

Jǐn jiēzhe, lǐbái yòu lái dàole chóngqìng. Yánzhe chángjiāng, chéngzhe xiǎozhōu, yīlù zǒu zǒu tíng tíng, tújīngle xǔduō gè shěngfèn, yě xiě xiàle xǔduō zhùmíng de shīpiān.

Liǎng nián hòu, lǐbái lái dàole yángzhōu, běnlái hái xiǎng jìxù wǎng qián, kě méi xiǎngdào zài yángzhōu bìng dǎo le. Dànshì jǐnguǎn rúcǐ, lǐbái yě bìng méiyǒu jiéshù tā de lǚchéng, zài duǎnzàn de xiūxíle jǐ gè yuè hòu, lǐbái chóngxīn tà shàngle zhēngchéng, yòu qùle hénán děng dì.

26 Suì de lǐbái yǐjīng jiànshìle hěnduō dàhǎo héshān, tóngshí yě jiéjiāole hěnduō péngyǒu, lìrú mènghàorán. Zài 27 suì nà nián, lǐbái juédìng yǐnjū.

Dāngshí táng xuánzōng xià fāle yīgè zìjiàn lìng, fánshì yǒu cáihuá zhī rén jiē kě qù cháotíng zìjiàn. Qíshí dāngshí lǐbái xīnlǐ háishì dòngyáole de, yīnwèi tā yīzhí dōu yǒuyī kē bàodá guójiā de xīn, tā yě xiǎng guòqù cháotíng dāng guān, qù jiàngōnglìyè, qù chuǎngdàng zìjǐ de yīpiàn tiāndì.

Zhèngdàng lǐbái jiūjié zhī jì, mènghàorán jièshàole qián zǎixiàng de sūnnǚ gěi lǐbái. Ràng rén hěn yìwài de shì nà yī nián, tāmen jiù chéngqīnle. Yúshì lǐbái fàngqìle qù cháotíng de niàn xiǎng, liú zài liǎo dàng de.

MARRIAGE OF CONVENIENCE (政治婚姻)

1	惊讶	Jīngyà	Surprised; amazed; astonished; astounded
2	成亲	Chéngqīn	Get married
3	年华	Niánhuá	Time; years
4	蓬勃	Péngbó	Vigorous; flourishing; exuberant; thriving
5	朝气	Zhāoqì	Youthful spirit; vigor; vitality
6	奋发	Fènfā	Rouse oneself; exert oneself
7	究竟	Jiùjìng	Outcome; what actually happened
8	此时	Cǐ shí	This moment; right now; now; at present
9	年纪	Niánjì	Age
10	或许	Huòxǔ	Perhaps; maybe
11	在当时	Zài dāngshí	At that time; in those days; at the time
12	古代	Gǔdài	Ancient; archaic; ancient times; antiquity
13	婚配	Hūnpèi	Marry
14	女子	Nǚzǐ	Woman; female
15	十多岁	Shí duō suì	Teens; teenager
16	再来	Zàilái	Come again; encore; request/order a repetition
17	回到	Huí dào	Return to; go back to
18	皇帝	Huángdì	Emperor
19	颁发	Bānfā	Issue; promulgate
20	自荐	Zìjiàn	Recommend oneself; offer one's services
21	上面	Shàng miàn	Above; over; on top of; on the

			surface of
22	表面上	Biǎomiàn shàng	Superficial; ostensible; seeming; apparent
23	肯定	Kěndìng	Affirm; approve; confirm; regard as positive
24	不然	Bùrán	Not so; not the case; no
25	一回事	Yī huí shì	One and the same
26	游历	Yóulì	Travel for pleasure; travel; tour
27	结交	Jiéjiāo	Make friends with; associate with
28	文人墨客	Wénrén mòkè	Men of literature and writing; men of letters
29	朝廷	Cháotíng	Royal or imperial court
30	任职	Rènzhí	Take office; hold a post; be in office
31	宰相	Zǎixiàng	Prime minister; chancellor
32	大臣	Dàchén	Minister; secretary
33	大有裨益	Dà yǒu bìyì	Be of great advantage
34	游玩	Yóuwán	Amuse oneself; play; go sightseeing; stroll about
35	盘缠	Pánchán	Money for the journey; travelling expenses; coil; twist
36	离家	Lí jiā	Leave home
37	可以说	Kěyǐ shuō	It is not too much to say; it is too much to say; so to speak
38	日常生活	Rìcháng shēnghuó	Everyday life; daily life
39	起居	Qǐjū	Daily life
40	他自己	Tā zìjǐ	Himself
41	收入来源	Shōurù láiyuán	Source of income
42	综合	Zònghé	Synthesize; comprehensive;

			multiple
43	以上	Yǐshàng	More than; over; above
44	可以	Kěyǐ	Can; may; passable; pretty good
45	看出	Kàn chū	Make out; perceive; find out; be aware of
46	当时	Dāngshí	Then; at that time; just at that moment; right away; at once; immediately
47	处境	Chǔjìng	The circumstances; unfavorable situation; plight
48	窘迫	Jiǒngpò	Poverty-stricken; very poor
49	迫使	Pòshǐ	Force; oblige; compel; enforce

Chinese (中文)

或许有很多人会感到惊讶，为什么李白会选择在这个时候成亲，二十几岁的年华应当是蓬勃朝气，奋发向上的，那李白究竟有什么理由选择在此时成亲呢？

首先，李白当时 27 岁，这个年纪放到现在或许还不算大，但是在当时已经算是"剩男"了，因为古代的婚配都比较早，女子十多岁就可以嫁人了，所以此时的李白到了成亲的年纪，确实也该成亲了。

再来说回到当时皇帝颁发的的自荐上面，虽然表面上说是自荐，但是如果有人介绍的话，那肯定更有优势，不然别人不会把你当一回事儿的。

而李白在外游历多年，虽然结交了很多朋友，但大多是文人墨客，在朝廷任职的还是比较少。孟浩然给他介绍的是前宰相的女儿，虽然是前宰相，但肯定认识不少大臣或者是贵族，日后必定会对他大有裨益。

还有最后一点，就是李白出去游玩了这么久，游玩了两三年，身上的盘缠用的都差不多了。在离家之前，李白可以说是衣食无忧，但是离了家之后，李白的日常生活起居就全靠他自己了，所以这个时候成亲能保证他有稳定的收入来源。

综合以上几点，我们可以看出李白的当时处境的窘迫迫使他早早地成亲了。

Pinyin (拼音)

Huòxǔ yǒu hěnduō rén huì gǎndào jīngyà, wèishéme lǐbái huì xuǎnzé zài zhège shíhòu chéngqīn, èrshí jǐ suì de niánhuá yīngdāng shì péngbó zhāoqì, fènfā xiàngshàng de, nà lǐbái jiùjìng yǒu shé me lǐyóu xuǎnzé zài cǐ shí chéngqīn ne?

Shǒuxiān, lǐbái dāngshí 27 suì, zhège niánjì fàng dào xiànzài huòxǔ hái bù suàn dà, dànshì zài dāngshí yǐjīng suànshì "shèng nán"le, yīnwèi gǔdài de hūnpèi dōu bǐjiào zǎo, nǚzǐ shí duō suì jiù kěyǐ jià rénle, suǒyǐ cǐ shí de lǐbái dàole chéngqīn de niánjì, quèshí yě gāi chéngqīnle.

Zàilái shuō huí dào dāngshí huángdì bānfā de de zìjiàn shàngmiàn, suīrán biǎomiàn shàng shuō shì zìjiàn, dànshì rúguǒ yǒurén jièshào dehuà, nà kěndìng gēng yǒu yōushì, bùrán biérén bù huì bǎ nǐ dāng yī huí shì er de.

Ér lǐbái zàiwài yóulì duōnián, suīrán jiéjiāole hěnduō péngyǒu, dàn dàduō shì wénrén mòkè, zài cháotíng rènzhí de háishì bǐjiào shǎo. Mènghàorán gěi tā jièshào de shì qián zǎixiàng de nǚ'ér, suīrán shì qián zǎixiàng, dàn kěndìng rèn shì bù shǎo dàchén huòzhě shì guìzú, rìhòu bìdìng huì duì tā dà yǒu bìyì.

Hái yǒu zuìhòu yīdiǎn, jiùshì lǐbái chūqù yóuwánle zhème jiǔ, yóuwánle liǎng sān nián, shēnshang de pánchán yòng de dōu chàbùduōle. Zài lí jiā zhīqián, lǐbái kěyǐ shuō shì yīshí wú yōu, dànshì líle jiā zhīhòu, lǐbái de rìcháng shēnghuó qǐjū jiù quán kào tā zìjǐle, suǒyǐ zhège shíhòu chéngqīn néng bǎozhèng tā yǒu wěndìng de shōurù láiyuán.

Zònghé yǐshàng jǐ diǎn, wǒmen kěyǐ kàn chū lǐbái dí dàng shí chǔjìng de jiǒngpò pòshǐ tā zǎozǎo dì chéngqīnle.

WISH TO SERVE BE AN OFFICIAL (求官之路)

1	想到	Xiǎngdào	Think of; call to mind; have at heart
2	婚姻	Hūnyīn	Marriage; matrimony
3	仕途	Shìtú	Official career
4	带来	Dài lái	Bring about; produce
5	帮助	Bāngzhù	Help; aid; assist; assistance
6	一度	Yīdù	Once; at one time; for a time
7	觉得	Juédé	Feel; be aware; sense
8	结婚	Jiéhūn	Marry; get married; marry up
9	蹉跎岁月	Cuōtuó suìyuè	Let years and months slip by; waste one's time
10	妻子	Qīzi	Wife; wife and children
11	生病	Shēngbìng	Fall ill; get ill; be taken ill
12	去世	Qùshì	Die; pass away
13	毅然决然	Yìrán juérán	Put one's foot down; firmly; resolutely and determinedly; with a firm determination
14	寻求	Xúnqiú	Seek; explore; go in quest of; pursue
15	出路	Chūlù	Way out; outlet
16	漫长	Màncháng	Very long; endless
17	年过半百	Nián guòbàn bǎi	Be over fifty years of age; be already past fifty
18	熄灭	Xímiè	Extinct; extinguish; quench; put out
19	长安	Cháng'ān	Capital of China in the Han/Tang dynasties
20	南山	Nánshān	Mountains in the south; Southern Hill (name of a Tang monastery)
21	用意	Yòngyì	Intention; meaning; purpose

22	在当时	Zài dāngshí	At that time; in those days; at the time
23	道教	Dàojiào	Taoism
24	盛行	Shèng xíng	Be current; be in vogue; prevail
25	道士	Dàoshi	Taoist priest
26	天子	Tiānzǐ	The Son of Heaven; the emperor; vice-regent
27	可能会	Kěnéng huì	Likely; may; may be
28	但是	Dànshì	But; however; yet; still
29	隐居	Yǐnjū	Live in seclusion; be a hermit
30	一段时间	Yīduàn shíjiān	A period of time
31	提携	Tíxié	Lead by the hand
32	等不及	Děng bùjí	Be too late to wait; be too impatient to wait
33	寻出路	Xún chūlù	To seek somebody's fortune
34	紧接着	Jǐn jiēzhe	Immediately/right after
35	山东	Shāndōng	Shandong
36	找到了	Zhǎo dàole	Eureka; Found; find
37	孔子	Kǒngzǐ	Confucius
38	后代	Hòudài	Succeeding era; later periods; later ages; later generations
39	一块儿	Yīkuài er	At the same place
40	多久	Duōjiǔ	How long?
41	朝廷	Cháotíng	Royal or imperial court
42	重用	Zhòng yòng	Put somebody in an important position; reusing
43	事与愿违	Shìyǔ yuànwéi	Get the opposite of what one wants; to get contrary of what one expects
44	根本不	Gēnběn bù	Not at all; anything but; not…in the

			slightest
45	官场	Guān chǎng	Officialdom; official circles
46	沉迷于	Chénmí yú	Indulge; be addicted to
47	山林	Shānlín	Mountain forest; wooded mountain
48	喝茶	Hē chá	Drink tea
49	好不	Hǎobù	How; what
50	洒脱	Sǎtuō	Free and easy
51	知道	Zhīdào	Know; realize; be aware of
52	跟着	Gēnzhe	Follow; in the wake of
53	不会	Bù huì	Will not; not likely; incapable
54	这段时间	Zhè duàn shíjiān	The period of time; this period
55	一心	Yīxīn	Wholeheartedly; heart and soul
56	注定	Zhùdìng	Be doomed; be destined; be bound to
57	十分	Shífēn	Very; fully; utterly; extremely
58	坎坷	Kǎnkě	Bumpy; rough; rugged

Chinese (中文)

但让李白没有想到的是，这桩婚姻并没有给他的仕途带来什么帮助。李白一度觉得结婚后的这十年都是在蹉跎岁月。

所以在他的妻子生病去世后，李白便毅然决然地离开了，继续寻求新的出路，也踏上了漫长的求官之路。虽然这个时候的李白已经年过半百了，但是他的眼中仍然没有熄灭求官的光。

李白先是来到了距离长安不远的终南山。这又是有何用意呢？原来在当时，道教盛行，道士的地位比较高，有的时候天子可能会来终南山挑选一些道士入朝为官，李白便在等这么一个机会。

但是在终南山隐居了一段时间后，也不见有人来提携他们，李白等不及了，便又另寻出路。

紧接着李白又来到山东，找到了孔子的后代，想跟着他一块儿学习，应该过不了多久就会受到朝廷的重用。

但是事与愿违，当时孔子的后代孔巢父根本不注重官场职位，而是整日沉迷于山林之乐，煮酒喝茶，日子过得好不自在，算得上是一个过的十分洒脱的人，也根本没有把李白的事放在心上。

李白知道跟着他，也不会有什么作为的，便又寻求其他的方法，这段时间的李白一心求官，但是求官之路注定十分坎坷。

Pinyin (拼音)

Dàn ràng lǐbái méiyǒu xiǎngdào de shì, zhè zhuāng hūnyīn bìng méiyǒu gěi tā de shìtú dài lái shénme bāngzhù. Lǐbái yīdù juédé jiéhūn hòu de zhè shí nián dōu shì zài cuōtuó suìyuè.

Suǒyǐ zài tā de qī zǐ shēngbìng qùshì hòu, lǐbái biàn yìrán juérán dì líkāile, jìxù xúnqiú xīn de chūlù, yě tà shàngle màncháng de qiú guān zhī lù. Suīrán zhège shíhòu de lǐbái yǐjīng nián guòbàn bǎiliǎo, dànshì tā de yǎnzhōng réngrán méiyǒu xímiè qiú guān de guāng.

Lǐbái xiānshi lái dàole jùlí cháng'ān bù yuǎn de zhōng nánshān. Zhè yòu shì yǒu hé yòngyì ne? Yuánlái zài dāngshí, dàojiào shèngxíng, dàoshi dì dìwèi bǐjiào gāo, yǒu de shíhòu tiānzǐ kěnéng huì lái zhōng nánshān tiāoxuǎn yīxiē dàoshi rù cháo wèi guān, lǐbái biàn zài děng zhème yīgè jīhuì.

Dànshì zài zhōng nánshān yǐnjūle yīduàn shíjiān hòu, yě bùjiàn yǒurén lái tíxié tāmen, lǐbái děng bùjíle, biàn yòu lìng xún chūlù.

Jǐn jiēzhe lǐbái yòu lái dào shāndōng, zhǎodàole kǒngzǐ de hòudài, xiǎng gēnzhe tā yīkuài er xuéxí, yīnggāiguò bu le duōjiǔ jiù huì shòudào cháotíng de zhòngyòng.

Dànshì shìyǔyuànwéi, dāngshí kǒngzǐ de hòudài kǒng cháo fù gēnběn bù zhùzhòng guānchǎng zhíwèi, ér shì zhěng rì chénmí yú shānlín zhī lè, zhǔ jiǔ hē chá, rìziguò dé hǎobù zìzài, suàndé shàng shì yīgèguò de shífēn sǎtuō de rén, yě gēnběn méiyǒu bǎ lǐbái de shì fàng zàixīn shàng.

Lǐbái zhīdào gēnzhe tā, yě bù huì yǒu shé me zuòwéi de, biàn yòu xúnqiú qítā de fāngfǎ, zhè duàn shíjiān de lǐbái yīxīn qiú guān, dànshì qiú guān zhī lù zhùdìng shífēn kǎnkě.

SERVE IN THE PALACE (进宫任职)

1	好在	Hǎo zài	Fortunately; luckily
2	转机	Zhuǎnjī	A favorable turn; a turn for the better; transfer
3	极力	Jílì	Do one's utmost; spare no effort
4	推荐	Tuījiàn	Recommend; recommendation
5	之下	Zhī xià	Under
6	诗篇	Shīpiān	Poem
7	欣赏	Xīnshǎng	Appreciate; enjoy; admire; sympathetic
8	文采	Wéncǎi	Rich and bright colors
9	接见	Jiējiàn	Receive somebody; grant an interview to
10	亲自	Qīnzì	Personally; in person; oneself
11	迎接	Yíngjiē	Meet; welcome; greet; reception
12	一同	Yītóng	Together with; in the company of; together; at the same time and place
13	吃饭	Chīfàn	Eat; have a meal
14	皇帝	Huángdì	Emperor
15	莫大	Mòdà	Greatest; utmost
16	荣幸	Róngxìng	Be honored; honorable
17	可见	Kějiàn	It is thus clear that; visible; visual
18	在吃饭	Zài chīfàn	To be eating
19	时政	Shízhèng	Current politics
20	凭借	Píngjiè	Rely on; depend on
21	游历	Yóulì	Travel for pleasure; travel; tour
22	回答	Huídá	Answer; reply; response
23	十分	Shífēn	Very; fully; utterly; extremely

24	建设性	Jiànshè xìng	Constructive
25	借鉴	Jièjiàn	Use for reference; draw lessons from
26	没想到	Méi xiǎngdào	Have not expected or thought of
27	文人	Wénrén	Man of letters; scholar; literati
28	居然	Jūrán	Unexpectedly; to one's surprise
29	看重	Kànzhòng	Think highly of; regard as important; value; set store by
30	特意	Tèyì	For a special purpose; specially
31	自己的	Zìjǐ de	Self
32	游玩	Yóuwán	Amuse oneself; play; go sightseeing; stroll about
33	作诗	Zuò shī	Compose a poem; versify
34	便利	Biànlì	Convenient; easy; for the convenience of; facilitate
35	所见所闻	Suǒ jiàn suǒ wén	What one sees and hears; all that one saw and heard; what is heard and seen
36	写诗	Xiě shī	Compose a poem
37	盛世	Shèngshì	Flourishing age; heyday
38	文字	Wénzì	Characters; script; writing; written language
39	流传	Liúchuán	Spread; circulate; hand down
40	世人	Shìrén	Common people
41	心意	Xīnyì	Regard; kindly feelings
42	器重	Qìzhòng	Think highly of; regard highly; have a high opinion of
43	久而久之	Jiǔ'ér jiǔzhī	In the course of time; as time passes; with the lapse of time; gradually

44	身边	Shēn biān	At one's side
45	难免	Nán miǎn	Hard to avoid; be booked for
46	遭到	Zāo dào	Suffer; meet with; encounter
47	其他人	Qítā rén	Others; other; the others
48	妒忌	Dùjì	Be jealous of; be envious of; grudge; envy
49	有一次	Yǒu yīcì	Once; on one occasion
50	回眸	Huímóu	Glance back
51	粉黛	Fěndài	Ladies in the palace or of a rich family
52	极致	Jízhì	Ultimate attainment; highest achievement; highest degree; extreme
53	很满意	Hěn mǎnyì	Feel very satisfied; feel quite pleased
54	中意	Zhòngyì	Be to one's liking; catch the fancy of
55	友人	Yǒurén	Friend
56	喝酒	Hējiǔ	Drink; drinking; drink wine; Drinks
57	作乐	Zuòlè	Make merry; enjoy oneself
58	再加上	Zài jiā shàng	Add; Plus; and; more
59	微微	Wéiwéi	Slight; micro-
60	命令	Mìng lìng	Order; command; directive; instruction
61	当做	Dàngzuò	Treat as; regard as; look upon as
62	一回事	Yī huí shì	One and the same
63	尽兴	Jìnxìng	To one's heart's content; enjoy oneself to the full
64	高兴	Gāoxìng	Glad; happy; pleased; elated
65	看不惯	Kàn bù	Cannot bear the sight of; detest;

		guàn	disdain; frown upon
66	面前	Miànqián	In face of; in front of; before
67	坏话	Huàihuà	Malicious remarks; vicious talk
68	就这样	Jiù zhèyàng	That's it; That's all; in this way
69	慢慢地	Màn man de	Slowly; little by little
70	疏远	Shūyuǎn	Drift apart; not in close touch
71		Hǎo zài	

Chinese (中文)

好在事情迎来了转机，在贺知章的极力推荐之下，唐玄宗先是看了下李白的诗篇，觉得很不错，十分欣赏他的文采，便接见了李白。

而且唐玄宗对这次接见还特别重视，亲自去迎接李白。并且还与李白一同吃饭，与皇帝一起吃饭，那可是莫大的荣幸，可见唐玄宗对李白的重视。

在吃饭的时候，唐玄宗还问了李白一些时政问题，李白凭借自己学得的知识和在外游历的经验，回答的都十分具有建设性和借鉴意义。

唐玄宗没想到李白一介文人，居然还懂得时政方面的道理，因而更加看重李白了，还特意把李白安排在自己的身边，平时出去游玩都带着李白，按照唐玄宗得要求作诗。李白便利用自己的才能，将所见所闻以写诗的方式记录下来，将这盛世以文字的方式流传下去，向世人昭告这盛状。

由于李白写诗写的特别符合唐玄宗的心意，所以李白深受唐玄宗的器重，久而久之也变成了唐玄宗身边的大红人。但是人红是非多，看到李白发展的这么好，难免会遭到其他人的妒忌。

有一次唐玄宗和他的爱妃杨玉环在宫中的花园游玩，唐玄宗召李白前来作诗。李白之前有特意为杨玉环写过诗，最为有名的便是"回眸一笑百媚生，六宫粉黛无颜色"，这句诗将杨贵妃的美描写到了极致，杨玉环本身也对李白作的诗很满意，因此杨玉环也比较中意李白给自己作诗。

但当时李白正在与友人喝酒作乐，再加上喝的有点微微醺醺了，所以没把唐玄宗的命令当做一回事儿，继续喝酒尽兴。

唐玄宗因为这事儿，有点不太高兴，再加上之前看不惯李白的人都跳出来，在唐玄宗面前说李白的坏话，就这样，唐玄宗慢慢地疏远了李白。

Pinyin (拼音)

Hǎo zài shìqíng yíng láile zhuǎnjī, zài hèzhīzhāng de jílì tuījiàn zhī xià, táng xuánzōng xiānshi kànle xià lǐbái de shīpiān, juédé hěn bùcuò, shífēn xīnshǎng tā de wéncǎi, biàn jiējiànle lǐbái.

Érqiě táng xuánzōng duì zhè cì jiējiàn hái tèbié chóng shì, qīnzì qù yíngjiē lǐbái. Bìngqiě hái yǔ lǐbái yītóng chīfàn, yǔ huángdì yīqǐ chīfàn, nà kěshì mòdà de róngxìng, kějiàn táng xuánzōng duì lǐbái de zhòngshì.

Zài chīfàn de shíhòu, táng xuánzōng hái wènle lǐbái yīxiē shízhèng wèntí, lǐbái píngjiè zìjǐ xué dé de zhīshì hé zàiwài yóulì de jīngyàn, huídá de dōu shífēn jùyǒu jiànshè xìng hé jièjiàn yìyì.

Táng xuánzōng méi xiǎngdào lǐbái yījiè wénrén, jūrán hái dǒngdé shízhèng fāngmiàn de dào lǐ, yīn'ér gèngjiā kànzhòng lǐbáile, hái tèyì bǎ lǐbái ānpái zài zìjǐ de shēnbiān, píngshí chūqù yóuwán dōu dàizhe lǐbái, ànzhào táng xuánzōng dé yāoqiú zuò shī. Lǐbái biàn lìyòng zìjǐ de cáinéng, jiāng suǒ jiàn suǒ wén yǐ xiě shī de fāngshì jìlù xiàlái, jiāng zhè shèngshì yǐ wénzì de fāngshì liúchuán xiàqù, xiàng shìrén zhāo gào zhè shèng zhuàng.

Yóuyú lǐbái xiě shī xiě de tèbié fúhé táng xuánzōng de xīnyì, suǒyǐ lǐbái shēn shòu táng xuánzōng de qìzhòng, jiǔ'érjiǔzhī yě biàn chéngle táng xuánzōng shēnbiān de dàhóng rén. Dànshì rén hóng shìfēi duō, kàn dào lǐbái fā zhǎn de zhème hǎo, nánmiǎn huì zāo dào qítā rén de dùjì.

Yǒu yīcì táng xuánzōng hé tā de ài fēi yáng yùhuán zài gōng zhōng de huāyuán yóuwán, táng xuánzōng zhào lǐbái qián lái zuò shī. Lǐbái zhīqián yǒu tèyì wèi yáng yùhuán xiěguò shī, zuìwéi yǒumíng de biàn shì "huímóu yīxiào bǎi mèi shēng, liù gōng fěndài wú yánsè", zhè jù shī jiāng yáng guìfēi dì měi miáoxiě dàole jízhì, yáng yùhuán běnshēn yě duì lǐbái zuò de shī hěn mǎnyì, yīncǐ yáng yùhuán yě bǐjiào zhòngyì lǐbái jǐ zìjǐ zuò shī.

Dàn dāngshí lǐbái zhèngzài yǔ yǒurén hējiǔ zuòlè, zài jiā shàng hē de yǒudiǎn wéiwéi xūn xūnle, suǒyǐ méi bǎ táng xuánzōng de mìnglìng dàngzuò yī huí shì er, jìxù hējiǔ jìnxìng.

Táng xuánzōng yīnwèi zhè shì er, yǒudiǎn bù tài gāoxìng, zài jiā shàng zhīqián kàn bù guàn lǐbái de rén dōu tiào chūlái, zài táng xuánzōng miànqián shuō lǐbái de huàihuà, jiù zhèyàng, táng xuánzōng màn man de shūyuǎnle lǐbái.

DIED OF A SERIOUS ILLNESS (重病而逝)

1	忽视	Hūshì	Ignore; look down upon; give a cold shoulder; overlook
2	格外	Géwài	Especially; all the more; extraordinarily; exceptionally
3	忧郁	Yōuyù	Melancholy; heavyhearted; dejected
4	原本	Yuánběn	Original manuscript; master copy
5	伯乐	Bólè	Bole; talent scout; a person who is good at discovering, recommending, cultivating and using talents
6	千里马	Qiānlǐmǎ	A horse that can sustain long-distance rides without being fatigued
7	没想到	Méi xiǎngdào	Have not expected or thought of
8	旁人	Pángrén	Other people; others
9	疏远	Shūyuǎn	Drift apart; not in close touch; keep at a distance
10	报效	Bàoxiào	Render service to repay somebody's kindness
11	祖国	Zǔguó	Mother country; one's country; homeland; native land
12	出力	Chūlì	Put forth one's strength; exert oneself; exert one's efforts; make great efforts
13	等到	Děngdào	By the time; when

14	烦闷	Fánmèn	Be unhappy; be worried
15	无可奈何	Wúkě nàihé	Feel helpless; against one's will
16	借酒消愁	Jiè jiǔ xiāo chóu	Drink down; cry in one's beer; drown one's sorrows; take solace in alcohol
17	喝酒	Hējiǔ	Drink; drinking; drink wine; Drinks
18	既然	Jìrán	Since; as; now that
19	仕途	Shìtú	Official career
20	寄情山水	Jìqíng shānshuǐ	Abandon oneself to nature
21	大好河山	Dàhǎo héshān	Beautiful rivers and mountains of a country; one's beloved motherland
22	自己的	Zìjǐ de	Self
23	文字	Wénzì	Characters; script; writing; written language
24	记录	Jìlù	Take notes; keep the minutes; record; write down
25	下来	Xiàlái	Come down; come from a higher place
26	在此期间	Zài cǐ qíjiān	Ad interim; ad int.
27	写出	Xiě chū	Write out; draw up; read-out; written-out
28	千古	Qiāngǔ	Through the ages; eternal; for all time
29	名句	Míngjù	A well-known phrase
30	或许	Huòxǔ	Perhaps; maybe
31	一个人	Yīgè rén	One
32	深刻	Shēnkè	Depth; deep; profound; deep-going
33	诗句	Shījù	Verse; line

34	毕竟	Bìjìng	After all; all in all; when all is said and done
35	再加上	Zài jiā shàng	Plus; and; more
36	长途	Chángtú	Long-distance
37	奔波	Bēnbō	Rush about; be busy running about; be on the go
38	越来越	Yuè lái yuè	More and more
39	虚弱	Xūruò	In poor health; weak; debilitated; feeble
40	安安稳稳	Ān ānwěn wěn	Be firm and secure
41	后半	Hòu bàn	Latter half; second half
42	辈子	Bèi zi	All one's life; lifetime
43	这么	Zhème	So; such; this way; like this
44	而是	Ér shì	Not A, but B
45	纵情	Zòngqíng	To one's heart's content; as much as one likes
46	山水	Shānshuǐ	Mountain and rivers; mountain water; scenery with hills and waters; traditional Chinese painting of mountains and waters
47	许许多多	Xǔ xǔduō duō	Lots and lots of
48	诗篇	Shīpiān	Poem
49	高峰	Gāofēng	Peak; summit; climax; height
50	时期	Shíqí	Period
51	其中	Qízhōng	Among; in; inside
52	家喻户晓	Jiāyùhùxiǎo	Make known to every family
53	嗜好	Shìhào	Hobby; addiction; habit; fad
54	那就是	Nà jiùshì	That is; That is to say; Someone

55	提到	Tí dào	Mention; refer to
56	俗话	Súhuà	Common saying; popular saying; proverb; adage
57	伤身	Shāng shēn	Be harmful to the health
58	一辈子	Yībèizi	All one's life; throughout one's life; as long as one lives; a lifetime
59	上瘾	Shàngyǐn	Be addicted; get into the habit
60	逝世	Shìshì	Pass away; die
61	静谧	Jìngmì	Quiet; still; tranquil
62	月夜	Yuèyè	Moonlit night
63	良辰美景	Liángchén měijǐng	A pleasant day coupled with a fine landscape; a beautiful day in pleasant surroundings
64	少不了	Shàobù liǎo	Cannot do without; cannot dispense with
65	美酒	Měijiǔ	Good wine
66	迷迷糊糊	Mí mí húhú	In a daze; difficult to make out
67	不小心	Bù xiǎoxīn	Careless; by accident; incaution; carelessness
68	溺水	Nìshuǐ	Drowning
69	不管	Bùguǎn	No matter; despite; however; disregard
70	故事	Gùshì	Story; tale; plot; old practice; routine
71	是不是	Shì bùshì	Isn't it?; whether... Or not
72	真实	Zhēnshí	True; real; authentic
73	愿意	Yuànyì	Be willing; be ready
74	浪漫主义	Làngmàn zhǔyì	Romanticism
75	诗人	Shīrén	Poet

| 76 | 离去 | Lí qù | Split; leave |
| 77 | 浪漫 | Làngmàn | Romantic |

Chinese (中文)

被唐玄宗忽视的李白格外忧郁，他原本以为唐玄宗是伯乐，识出了他这匹千里马，但没想到旁人的几句话唐玄宗就疏远他了。

李白原本还想着报效祖国，为国家出力。但未想到还没等到这一天，就被贬了。李白心中很是烦闷，却又无可奈何，于是更加借酒消愁，整日整日的喝酒。

既然仕途不顺，李白便寄情山水，游遍祖国的大好河山，用自己的文字将他们都记录下来。

不得不说，李白在此期间写出了许多千古名句，或许一个人经历的多了，能写出更加深刻的诗句。

但是毕竟当时的李白已经六十多岁了，这么大的年龄，身体自然是大不如前，再加上长途的奔波让李白的身体变得越来越虚弱。

李白原本可以安安稳稳的过完这后半辈子，但他没有这么选择，而是纵情山水，写了许许多多的诗篇，这也是他的一个小高峰时期了吧。其中的很多诗都家喻户晓。

但是李白还有一个嗜好，那就是喝酒。这点大家都知道，连李白写的诗当中都提到过酒。但是俗话说得好，小酌怡情，喝多了便伤身了，李白喝了这一辈子的酒，怕是已经上瘾了，这也加速了他的逝世。

关于李白的逝世，还有着这样一个浪漫的故事。在一个静谧的月夜，李白乘舟于江面之上，良辰美景，自是少不了美酒，李白喝的有点迷迷糊糊的时候，看到月亮倒映在江面上的影子，便想伸手去捞月亮，结果一个不小心落入江中，最后溺水身亡。

不管这个故事是不是真实的，信则真，不信则假。我愿意相信这是真实的，像李白这样的浪漫主义诗人，以这种方式离去也很浪漫了。

Pinyin (拼音)

Bèi táng xuánzōng hūshì de lǐbái géwài yōuyù, tā yuánběn yǐwéi táng xuánzōng shì bólè, shí chūle tā zhè pǐ qiānlǐmǎ, dàn méi xiǎngdào pángrén de jǐ jù huà táng xuánzōng jiù shūyuǎn tāle.

Lǐbái yuánběn huán xiǎngzhe bàoxiào zǔguó, wèi guójiā chūlì. Dàn wèi xiǎngdào hái méi děngdào zhè yītiān, jiù bèi biǎnle. Lǐbái xīnzhōng hěn shì fánmèn, què yòu wúkěnàihé, yúshì gèngjiā jiè jiǔ xiāo chóu, zhěng rì zhěng rì de hējiǔ.

Jìrán shìtú bù shùn, lǐbái biàn jìqíng shānshuǐ, yóu biàn zǔguó de dàhǎo héshān, yòng zìjǐ de wénzì jiāng tāmen dōu jìlù xiàlái.

Bùdé bù shuō, lǐbái zài cǐ qíjiān xiě chūle xǔduō qiāngǔ míngjù, huòxǔ yīgè rén jīnglì de duōle, néng xiě chū gèngjiā shēnkè de shījù.

Dànshì bìjìng dāngshí de lǐbái yǐjīng liùshí duō suìle, zhème dà de niánlíng, shēntǐ zìrán shì dà bùrú qián, zài jiā shàng chángtú de bēnbō ràng lǐbái de shēntǐ biàn dé yuè lái yuè xūruò.

Lǐbái yuánběn kěyǐ ān ānwěn wěn deguò wán zhè hòu bànbèizi, dàn tā méiyǒu zhème xuǎnzé, ér shì zòngqíng shānshuǐ, xiěle xǔ xǔduō

duō de shīpiān, zhè yěshì tā de yīgè xiǎo gāofēng shíqíle ba. Qízhōng de hěnduō shī dōu jiāyùhùxiǎo.

Dànshì lǐbái hái yǒu yīgè shìhào, nà jiùshì hējiǔ. Zhè diǎn dàjiā dōu zhīdào, lián lǐbái xiě de shī dāngzhōng dōu tí dàoguò jiǔ. Dànshì súhuà shuō dé hǎo, xiǎo zhuó yí qíng, hē duōle biàn shāng shēnle, lǐbái hēle zhè yībèizi de jiǔ, pà shì yǐjīng shàngyǐnle, zhè yě jiāsùle tā de shìshì.

Guānyú lǐbái de shìshì, hái yǒuzhe zhèyàng yīgè làngmàn de gùshì. Zài yīgè jìngmì de yuèyè, lǐbái chéng zhōu yú jiāngmiàn zhī shàng, liángchén měijǐng, zì shì shàobùliǎo měijiǔ, lǐbái hē de yǒudiǎn mí mí húhú de shíhòu, kàn dào yuèliàng dàoyìng zài jiāngmiàn shàng de yǐngzi, biàn xiǎng shēnshǒu qù lāo yuèliàng, jiéguǒ yīgè bù xiǎoxīn luò rù jiāng zhōng, zuìhòu nìshuǐ shēnwáng.

Bùguǎn zhège gùshì shì bùshì zhēnshí de, xìn zé zhēn, bùxìn zé jiǎ. Wǒ yuànyì xiāngxìn zhè shì zhēnshí de, xiàng lǐbái zhèyàng de làngmàn zhǔyì shīrén, yǐ zhè zhǒng fāngshì lí qù yě hěn làngmànle.

www.QuoraChinese.com

www.ingramcontent.com/pod-product-compliance
Lightning Source LLC
LaVergne TN
LVHW061958070526
838199LV00060B/4188